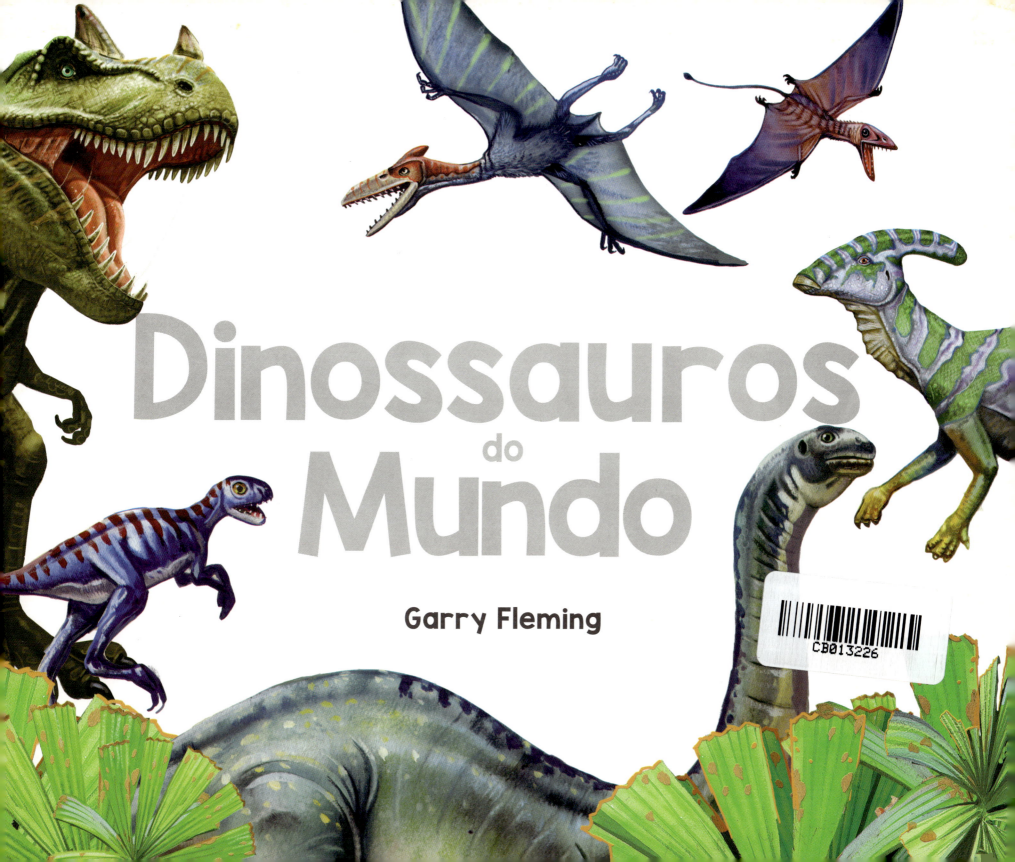

Dinossauros do Mundo

Garry Fleming

A palavra dinossauro significa "lagarto terrível". Os dinossauros são classificados como répteis - eles tinham escamas e colocavam ovos. Eles vagaram pela Terra durante um período conhecido como Era Mesozoica, entre 248 e 65 milhões de anos atrás. Alguns deles comiam carne (carnívoros), alguns comiam peixes (piscívoros) e alguns comiam plantas (herbívoros).

Introdução

Paleontólogos (cientistas que estudam os dinossauros) dividem os dinossauros em duas grandes categorias: dinossauros com "quadril de lagarto" ou dinossauros saurisquios e dinossauros com "quadril de pássaro" ou ornitisquios. Na verdade, a maioria dos cientistas acreditam que os pássaros são os únicos sobreviventes de dinossauros hoje em dia.

ERA MESOZOICA

Período Triássico
248-206 milhões de anos atrás

Período Jurássico
206-144 milhões de anos atrás

A história dos Dinossauros

Os primeiros dinossauros surgiram durante o Período Triássico. Os dinossauros nesta época eram relativamente pequenos. Depois, durante o Período Jurássico, o supercontinente Pangeia se dividiu abrindo caminho para um clima tropical mais quente, criando condições para plantas e animais se desenvolverem. Os dinossauros continuaram a evoluir durante o Período Cretáceo.

Período Cretáceo
144-65 milhões de anos atrás

O Redondasaurus do Período Triássico era muito semelhante aos crocodilos que vemos hoje em dia. Ele media até 6,4 metros de comprimento. Com seu corpo grande e mandíbula forte, o Redondasaurus provavelmente atacava sua presa, quando chegava perto da água para beber. O Eocursor e o Coelophysis eram ambos dinossauros bípedes, o que significa que eles se moviam sobre suas duas patas traseiras.

▶Veja as páginas 30 e 31 para referências de dinossauros.

Os dinossauros do Período Triássico

O carnívoro Coelophysis era um corredor rápido e dependia de sua velocidade para apanhar suas presas. Diferentemente, o Plateossauro era um herbívoro e provavelmente utilizava seu pescoço comprido e flexível para comer do topo das árvores.

Acredita-se que o Tanystropheus tenha frequentado bancos de rios e costas. Ele teria utilizado seu pescoço comprido, mais da metade de seu comprimento total, para mergulhar na água e pegar peixes.
Ainda há debate sobre se o carnívoro Postosuchus, primo dos crocodilos modernos, andava sobre duas ou quatro patas, visto que suas patas dianteiras eram mais curtas que as traseiras.

Os dinossauros do Período Triássico

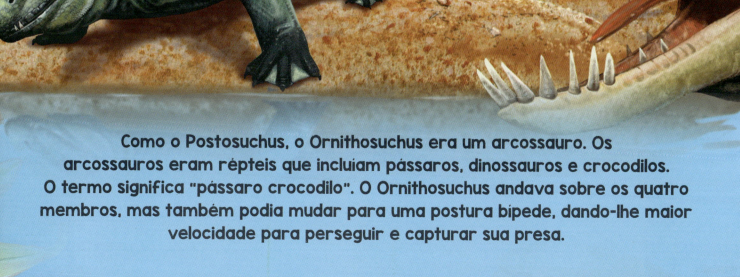

Como o Postosuchus, o Ornithosuchus era um arcossauro. Os arcossauros eram répteis que incluíam pássaros, dinossauros e crocodilos. O termo significa "pássaro crocodilo". O Ornithosuchus andava sobre os quatro membros, mas também podia mudar para uma postura bípede, dando-lhe maior velocidade para perseguir e capturar sua presa.

O Estegossauro era identificado por duas fileiras de placas encontradas ao longo de suas costas e cauda. Ele pesava quase cinco toneladas e dizem que tinha um cérebro minúsculo. Como o Estegossauro, o Apatossauro era um herbívoro. Em termos de tamanho, ele era enorme, pesando cerca de 38 toneladas, equivalente a 10 hipopótamos! O nome Apatossauro significa "lagarto falso".

▶Veja as páginas 30 e 31 para referências de dinossauros.

Os dinossauros do **Período Jurássico**

O Compsognathus e o Alossauro eram dinossauros carnívoros. O Compsognathus foi um dos menores dinossauros. Menor ainda, o Archaeopteryx era um dinossauro parecido com um pássaro - ele tinha penas e um bico, exatamente como os pássaros modernos. No entanto, ele também tinha garras e dentes como um dinossauro!

Semelhante ao Apatossauro, o Diplodoco e o Braquiossauro pertenciam a um grupo de dinossauros conhecidos como saurópodes. Esses répteis enormes tinham pescoços e caudas compridas e andavam sobre quatro patas. O Dilofossauro, que significa "lagarto de duas cristas", recebeu o nome devido ao distinto par de cristas que cresciam em seu crânio. Embora o propósito seja desconhecido, alguns acreditam que as cristas eram para atrair um parceiro.

Os dinossauros do Período Jurássico

O Camarassauro e o Mamenchiassauro também eram parte da família saurópode. Diz-se que o pescoço do Mamenchiassauro compunha mais da metade do comprimento total de seu corpo! O carnívoro Ceratossauro era reconhecido por seus dentes afiados e chifres semelhantes a lâminas acima dos olhos e no nariz.

O Anquilossauro contava com sua enorme cauda e armadura corporal - grandes placas ósseas inseridas em sua pele - para se proteger de predadores. Na verdade, sua barriga era o único lugar que os predadores conseguiam atacar. Ele foi um dos muitos herbívoros que desfrutou do desenvolvimento de plantas com flores durante o clima mais quente do período Cretáceo.

Também herbívoro, acredita-se que o Torossauro tenha tido um dos maiores crânios, com mais de dois metros de comprimento. O Torossauro era um parente próximo do Tricerátopo maior, só que muito mais raro. Ele foi um dos muitos dinossauros com chifres que apareceram durante o período Cretáceo.

Os dinossauros do **Período Cretáceo**

O Espinossauro foi talvez o maior de todos os carnívoros, com até 18 metros de comprimento, e facilmente reconhecível pelos esporões de até dois metros crescendo em suas costas. Ele pode ter vivido tanto em terra quanto na água; flutuando na água, como um crocodilo faria hoje, esperando para pegar sua presa. Sua dieta consistia principalmente de peixes.

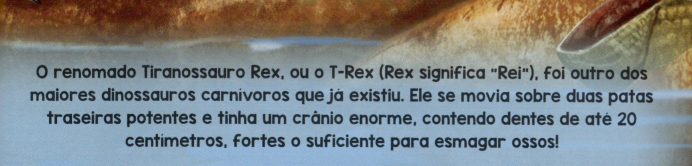

Os dinossauros do **Período Cretáceo**

O renomado Tiranossauro Rex, ou o T-Rex (Rex significa "Rei"), foi outro dos maiores dinossauros carnívoros que já existiu. Ele se movia sobre duas patas traseiras potentes e tinha um crânio enorme, contendo dentes de até 20 centímetros, fortes o suficiente para esmagar ossos!

Muitos grupos de répteis marinhos coexistiram com os dinossauros durante a Era Mesozoica. Um desses grupos era o dos Pliossauros, conhecidos por terem cabeças grandes e pescoços curtos. O Kronossauro estava entre os maiores dos Pliossauros, medindo cerca de 12 metros de comprimento.

As criaturas do **Submundo**

Os Plesiossauros era outro grupo e incluía o Elasmossauro, que tinha pescoço comprido e cabeça pequena. Seu pescoço tinha metade do comprimento de seu corpo. O Ictiossauro era um réptil marinho em forma de golfinho com globos oculares excepcionalmente grandes, dos quais dependia para capturar suas presas.

Conhecidos como "répteis voadores", os pterossauros viveram ao mesmo tempo que os dinossauros e compartilharam ancestrais comuns; eles não eram dinossauros.

O Pterodáctilo foi o primeiro pterossauro descoberto, enquanto o Quetzalcoatlus é o maior, com uma envergadura de até 15 metros.

▶ Veja a página 32 para referências de dinossauros.

Os répteis dos **Céus**

As asas de um pterossauro eram compostas de pele e músculos e se estendiam dos dedos aos tornozelos. As maiores criaturas que já voaram, os pterossauros teriam se alimentado principalmente de peixes e animais mortos. Embora mais de 150 tipos de pterossauros já tenham sido descobertos, os cientistas acreditam que outros milhares existiram.

Comparando Dinossauros

Os dinossauros governaram o mundo por mais de 186 milhões de anos. Havia uma grande variedade de diferentes formas e tamanhos. Em termos de tamanho, muitos acreditam que o Argentinossauro foi o maior dinossauro que já existiu. Ele media até 40 metros de comprimento com um pescoço de nove metros! Ele pesava mais que 600 pandas juntos. Em comparação, acredita-se que o Compsognato tenha sido um dos menores dinossauros - apenas um metro de comprimento e pesando cerca de 2,5 quilos.

Cerca de 65 milhões de anos atrás, 75% das espécies de plantas e animais, incluindo os dinossauros, foram exterminados em uma extinção em massa. Isso marcou o fim da Era Mesozoica.
A teoria mais aceita é que um asteroide de 10 quilômetros de largura atingiu a Terra na Península de Iucatã, no México. A poeira do impacto teria impedido que a luz do sol chegasse à Terra. Outra teoria sugere grande atividade vulcânica no oeste da Índia.

O fim dos Dinossauros

25

Os primeiros mamíferos coexistiram com os dinossauros; no entanto, eram relativamente pequenos. Na verdade, os mamíferos não começaram a evoluir e se diversificar até depois da extinção em massa dos dinossauros, 65 milhões de anos atrás. Nomes como mamute-lanoso e tigre-dente-de-sabre surgiram pela primeira vez há cerca de 2,6 milhões de anos atrás.

Mamíferos Pré-históricos

O Diprotodonte é o maior marsupial conhecido que já existiu. Acredita-se que ele tenha coexistido com os primeiros colonos da Austrália. O período entre a extinção dos dinossauros e os dias atuais é conhecido como a Era dos Mamíferos.

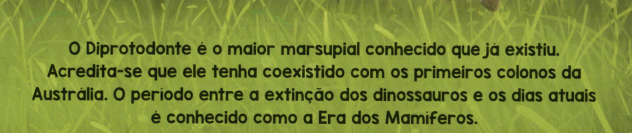

27

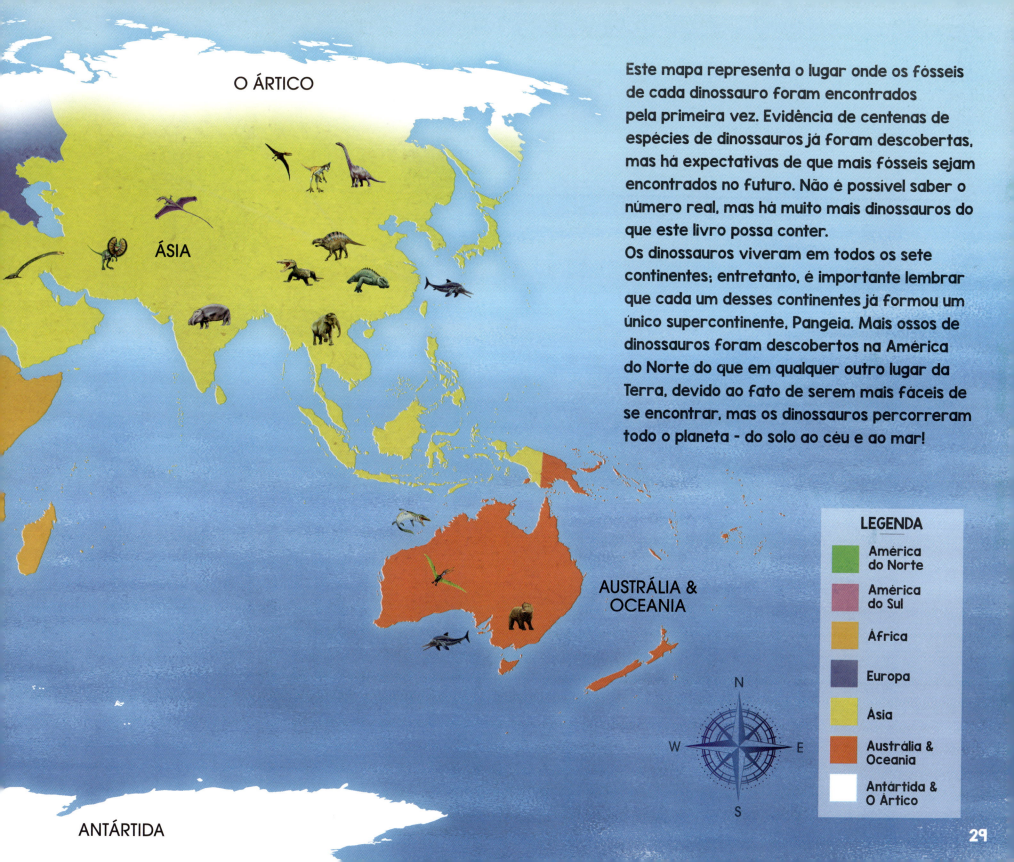

Os dinossauros do Periodo Triássico

O **Plateossauro** tinha o comprimento de dois carros e era tão pesado quanto uma vaca!

O **Melanorossauro** era um herbívoro que utilizava seu pescoço comprido para alcançar folhas altas.

O **Redondasaurus** era um grande fitossauro (um réptil semiaquático).

O **Ctenosauriscus** tinha metade da altura de uma pessoa comum.

O **Eocursor** tinha corrida rápida para escapar de predadores, pois era muito pequeno.

O **Arizonassauro** era conhecido como "vela dorsal", que se refere ao arco em suas costas.

O **Coelophysis** viajava em bando quando caçava.

O **Lotossauro** era desdentado.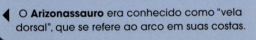

O **Peteinossauro** pesava um pouco mais que uma barra de sabão.

O **Sharovipteryx** era um réptil planador.

O nome do **Mussauro** significa "réptil rato".

O **Postosuchus** pode parecer ameaçador, mas media apenas cerca de um metro do topo à cauda.

Fósseis do **Tawa** foram encontrados no Novo México.

O **Notossauro** comia peixes.

O **Ornithosuchus** se assemelha mais aos crocodilos.

O **Tanystropheus** podia se desprender de sua cauda a qualquer momento, pois ela voltava a crescer mais tarde.

O **Placodus** podia nadar em águas rasas.

O **Kannemeyeria** utilizava seu bico para cortar grama e folhas para comer.

Os dinossauros do Periodo Jurássico

O **Pterodáctilo** foi o primeiro réptil voador.

O **Estegossauro** engolia pedras para ajudá-lo a digerir plantas e folhas.

O **Archaeopteryx** tinha garras curvadas nos pés.

O **Ranforrinco** passava levemente sobre a água para comer peixes.

O **Apatossauro** era um Saurópode, uma espécie de dinossauro de pescoço comprido.

Acreditava-se que o **Brontossauro** não tivesse crânio para manter seu cérebro.

O **Compsognathus** comia outros dinossauros menores.

O **Braquitraquelopan** era conhecido por seu pescoço muito pequeno.

O **Alossauro** pesava quatro toneladas - tanto quanto nove pianos de cauda!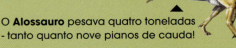

- O **Dilofossauro** tinha dentes parecidos com agulhas.
- O **Dimorfodonte** passava a maior parte do tempo em terra, mesmo que tivesse asas.
- O **Kentrossauro** poderia quebrar um crânio humano com o movimento rápido de sua cauda.
- O **Diplodoco** tinha quase o comprimento de três ônibus escolares!
- Acredita-se que o **Mamenquiossauro** tinha dentes em forma de espátulas.
- O **Camarassauro** era considerado o dinossauro menos inteligente.
- O **Ornitoleste** atacava ninhos de pássaros em busca de comida.
- O **Braquiossauro** engolia plantas e folhas inteiras.
- O **Ceratossauro** comia peixes e crocodilos para sobreviver.

Os dinossauros do Período Cretáceo

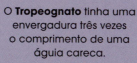

- O **Struthiomimus** podia correr a mais de 80 Km/hora.

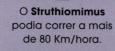

- O **Tropeognato** tinha uma envergadura três vezes o comprimento de uma águia careca.

- O **Tiranossauro Rex** fêmea era maior que o macho.

- O **Istiodactylus** tinha olhos e dentes menores do que outros voadores.

- O **Anquilossauro** tinha um crânio em forma de triângulo.

- O **Parassaurolofo** tinha 10 metros de comprimento - isso é meio campo de críquete!

- O **Troodonte** tinha olhos muito grandes e acredita-se que ele tinha visão "binocular".

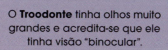

- O **Ornitomimo** parecia um avestruz moderno.

- O **Torossauro** tinha um bico como boca, mas não tinha dentes.

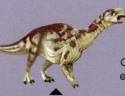

- O **Iguanodonte** tinha um esporão afiado em cada um de seus polegares.
- O **Tenontossauro** era a presa comum azarada para dinossauros maiores.

- O **Albertossauro** pesava duas toneladas, tão pesado quanto um carro!

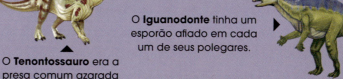

- O **Oviraptor** tinha dentículos que pendiam do céu da boca.
- O **Espinossauro** pesava 20 toneladas, que é na verdade 70 porcos!

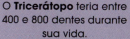

- O **Tricerátopo** teria entre 400 e 800 dentes durante sua vida.

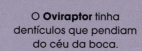

- O nome do **Anhanguera** significa "diabo velho".

31

As criaturas do Submundo

◀ O **Kronossauro** tinha uma mandíbula igual a de um crocodilo.

O **Archelon** era uma tartaruga gigante com um casco macio, semelhante a couro. ▶

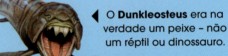

O **Dunkleosteus** era na verdade um peixe – não um réptil ou dinossauro. ▶

◀ O **Ictiossauro** nunca poderia viver em terra.

O **Orthocone** podia ter mais de 11 metros de comprimento – duas girafas!

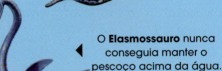

◀ O **Elasmossauro** nunca conseguia manter o pescoço acima da água.

O **Megalodonte** era o maior predador do mundo. ▶

Os répteis dos Céus

O **Ranforrinco** voava somente à noite (um "voador noturno"). ▶

◀ O **Tropeognathus** utilizava uma técnica chamada "voo dinâmico" para conservar energia enquanto voava.

◀ O **Dimorfodonte** surpreendentemente só pesava dois quilos!

O **Pterodáctilo** tinha uma cauda muito curta, ao contrário da maioria dos outros pterossauros. ▶

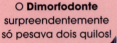

◀ O **Phobetor** recebeu o nome do deus Grego Dos Pesadelos.

◀ O **Pteranodonte** tinha a maior envergadura de qualquer criatura alada do mundo.

O **Anurognathus** tinha asas muito finas e frágeis. ▶

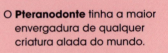

◀ O **Anhanguera** tinha cristas na parte superior e inferior do bico.

O **Campilognatoide** tinha dentes curtos, mas muito afiados. ▶

◀ O **Quetzalcoatlus** não conseguia virar ou dobrar seu pescoço supercomprido.

Mamíferos Pré-históricos

◀ O **Mamute-lanoso** vivia em grupos chamados "manadas", conduzidos por uma fêmea.

O **Megacerops** tinha um par de chifres bifurcados na ponta de seu nariz. ▶

◀ O **Tigre-dente-de-sabre** era uma espécie de felino pré-histórico conhecido como "Smilodon".

O **Gliptodonte** tinha um casco ósseo ao redor dele, mas era peludo na barriga. ▶

O **Aepycamelus** só conseguia andar na ponta dos pés. ▶

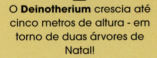

◀ O **Deinotherium** crescia até cinco metros de altura - em torno de duas árvores de Natal!

O **Macrauchenia** era um parente distante do cavalo. ▶

O **Diprotodonte** pode ter vivido na Austrália. ▶